오래 묵은 고요

박자경 시집

오래 묵은 고요

시인의 말

"나는 시다. 내 피는 잉크가 되었다"라는
Jean Cocteau의 말을 내 시집의 첫 머리에 얹고 싶다.

내게 글쓰기는 또 하나의 말하기 방식이다.

소리치지 못하고 침묵했던 말들, 말의 씨들,
배내똥처럼 열 달을 묵혀, 또는 열 해를 묵혀서라도
단단하게 세상 밖으로 나오기를 빈다.

그래. 나를 불태워버리면
내 속에서도 돌덩이같이 굳어버린 말의 넋들
사리되어 세상 밖으로 나오리라.

내 시도, 내 시 한 편도 세상에 대해
무언가 한 마디 할 수 있었으면 좋겠다.
설익어 떫지 않고, 오래 묵어 가볍지 않은 목소리로.

차 례

제2부

제3부

제4부

제1부

추억

매일 밤 너는 내게로 전송되어 온다,

어떤 바이러스에도 손상되지 않는 파일로.

느릿느릿 살갗을 긁어대며

좌르르 너는 필름을 돌린다,

비 오는 날 鋪道를 기어오르는 지렁이처럼.

丹楓

날마다 붉어져가는 낯빛
어찌해야 하나,
연둣빛 작은 손짓으로
시작된 내 사랑.

언젠가는 이렇게 들통이 날 줄 알았지.

가끔씩 노랗게 무를 때도
생채기가 났다가 아물 때도 있었지.

그러다가 서리라도 내리면
홀로 가을밤 견디며
호드득호드득 울었지.

얇은 손바닥 문질러대며
비나리도 해보지만

어찌해야 하나,
손톱 밑에서부터 번지기 시작한
이 붉은 기운!

배추, 그녀

1톤 트럭에 실려 가면서도
몸을 덮은 담요 틈새로
엉덩이 살짝 드러내 보인다.
앙 다문 초록치마
속, 감춘 허벅지가 자못 부풀어 있다.

여린 흙살에 몸 맡기고
칠월 백중 지나 동짓달에 들기까지
부지런히 단물 길어 올리며
곰삭은 햇빛 차근차근 몸 갈피에 챙겨 놓았으리.
사내의 거친 손에 안겨
트럭에 납치되어 가면서도
그녀,
아사삭아사삭 자지러지게 웃는다.
노란 속곳까지 챙겨 입은
꼭꼭 여며두었던 순정한 저 몸피도
하룻밤 소금물에 푸르르 녹아버리겠지.

아직도 넉살 좋게
뽀야니 살 오른 엉덩이 드러내놓고

초겨울 바람 숨 가쁘게 들이마시며
어디로 가는 것일까.

밤꽃이 핀다

마곡사 가는 길, 올해도 지천으로 밤꽃 피네
비릿한 냄새 아찔하네
생목 타오르네
정안휴게소에서 산 생수 한 병,
문득 정한수 한 사발 생각나네
외할머니, 조왕신께 새벽마다 물 떠 바치며
손바닥 문질러댔지
아침마다 흠뻑 젖어 있던
외할아버지 하얀 구두,
할머니는 남몰래 아궁이 앞에서
질펀한 물기 닦아내며 말리곤 했지,
언제나 물이 마를꼬!
부지깽이에 달라붙는 발그레한 불똥 털어내며
할아버지 귓결에 묻어 온
'육시랄 년'도 털어내셨지
누런 물길 따라 떠돌며 여물지 못한 밤알 몇 개,
율곡리 산 8번지에 떨궈 놓고
할아버지는 아직도 돌아오지 않으시네
육시랄 년,
밤새 곱씹으며 곶감처럼 물러가던

할머니의 무덤 곁에도
우라질 밤꽃은 지천으로 피었는데
아직도 할아버지는 돌아오지 않으시네.

강강술래

어깨는 홍청
다리는 뜰먹
월월이 청청 둥글게 돌아라.

내 설움 가져가소.
이녁 설움 내 받으마.
꿈틀거리는 땅속 귀신
읏신읏신 밟아주네.
골병든 아낙네도 개밥바라기와 눈 맞추며
조였다 풀었다 임의 맘인 양
긴 강강, 자진 강강
울돌목 돌아가듯
끊임없이 돌고 도네.

술래술래 강강술래
월월이 청청 둥글게 돌아라.
젖가슴마냥 살진 보름달님 나오거든
둥글 동글 띠 만드세.

조신조신 밟아 주네.

버석한 땅 위로 팽그르르 젖물 도네.

땀 배이게 잡은 손

새벽까지 놓지 마소.

無花果, 그 사내
—호스피스 병동에서

몸에서 꽃이 피기 시작한다고
굳은 몸에서 월경이 터지고
정수리로부터
폭포가 흐르기 시작한다고
이른 새벽 는개 같은 목소리로 너는 말한다.

하, 나도 계집아이들처럼 몸에서 피가 나와
싫어, 나는 꽃 피우고 싶지 않아.

붉은 물 배어나는 꼬투리에서
펑펑 불꽃 튀기며
네 몸에선
덩달아 자귀꽃도 피어오른다.

어둡게 닫아 놓은 몸피 안에서도
꽃을 수태하는구나.
암암리에 숨어서 피워내는구나.

아냐 나는 꽃을 피울 수 없어.
나의 이름은 무화과야.

그래, 너는 동정의 몸인지도 몰라.
하지만 네 몸엔
또 다른 생명이 심겨져 있구나!
밤마다 검은 꽃 피워내며
한 뼘씩 자라고 있구나!

화장

얼굴을 깨끗이 닦았다.
얼마 남지 않은 그의 머리카락을
조심히 하얀 면포로 씻어내며
콧구멍과 귓구멍을 후볐다.
향 좋은 스킨으로 면도 자국을 메우며
붉은 립스틱으로 입술을 그려 넣었다.
누르면 푸석하니
바스러질 듯 마른 입술이
오랜만에 번들번들 윤기를 냈다.

그에게 좋은 옷 한 벌 사주고 싶었다.
이곳에서는 중국산이 판을 쳤다.
그래도 우리나라 것이 좋겠다 싶어
제일 비싼 옷을 장만해 입혔다.
태어나 처음 해보는 화장이 번거로운지
굳어진 얼굴로 자꾸만 나를 노려보았다.

그는 유난히 더위를 많이 탔다.
한겨울에도 반바지 차림으로
찬물 끼얹어 가며

까만 티코를 세차하곤 했다.
불을 싫어하고 열기를 싫어했다.
그는 뜨거운 것이 제일 싫다고 했다.
그러던 그가 오늘은
말없이 불, 속으로, 들어, 갔다.

옹이

원자력병원 뒷마당
나무 튤립 한 그루,
옮겨 심은 지 얼마 안 되는 걸까.
속 빈 대나무에
마른 몸뚱이를 기대고
땀방울 축축하게 매단 채
주저앉을 듯
용케 버티고 있다.
이곳으로 옮겨오면서 생긴 상처인지
오른쪽 옆구리엔
오래된 진물이 굳어
썩정이가 보인다.
차츰 상처가 아물어가는
수피는 몸속으로 말려 들어가
수두 자국처럼
껍질이 박혀 있다.
줄기와 가지 세포가 교차되면서
생기는 것이 옹이라고 했던가.
나무 튤립이여.
네 둔한 몸뚱이와

높은 이상이 어긋나

또 하나의 옹이 만들었구나.

飛翔圖

어제부터 내내 꺼이꺼이 울었다.
한쪽 어깨가 결리고, 눈이 침침했다.
할아버지가 호령했다.
너의 본분은 날아다니는 거야.
하지만 너무 추워 날 수가 없었다.
웃거리 두목이 왔다 가면서
내일은 높은 분이 오시니
다들 거리로 나와 박수 치란다.
와락 그를 쪼아버리고 싶었으나
엄마 땜에 참았다.
지난밤엔 다들 모여
날아가 버릴 음모를 꾸몄다.
어떻게 알았는지 그들이 찾아왔다.

그러던 어느 날
그날은 참 이상도 했다
땅 위에서 흙이 둥둥 떠다니고
밥때도 아닌데
여기저기서 연기가 났다
닭장 속에 갇혀

친구들이 어디론가 끌려갔다.
나는 날기를 포기해버렸다.

내 날개는 매일 튼튼해져 갔으나
무릎에 바람이 들어
더 이상 가슴을 펴고 설 수 없게 되었다.
마룻장 밑에서 숨어 살게 되자
어깨 죽지가 결리고
눈이 침침해진 내게
아무도 더 이상 날아보라고 하지 않았다.
밤마다 이제 나는
나 혼자서만 비상할 기회를 노린다.

비단길

— 죽은 아비의 기도

아가야. 우리 아가야.
이곳으로 오지 마라.

박수무당 옷을 입고
너울 춤추는 아가야.

황톳길 재 너머에
비단길 있다더냐.

네 어미 있는 곳에
오래오래 머물러라.

어이 그리 무심하게
비단길만 찾느냐.

까끄라기 덤불 위라도
어미 곁이 나으니라.

아가야. 우리 아가야.
이곳으로 오지 마라.

亂視

뿌리를 내리지 못한 채
눈동자가 눈물에 갇혀 출렁인다.

야광 시계의 가느다란 초침에 매달려
어둠 속에서 눈동자는
달강달강 그네를 탄다.

낮에 본 대숲의 죽순이
자꾸만 거꾸로 자란다.

는개 깔리는 도로 위에서
눈동자가 태양을 맞는다.

잘 닦인 놋 양푼 마냥 빛을 내도
헛딛는 발아래
물상이 흔들린다.

숨을 멈춰 본다. 멈추어 버린
숨결에 눈동자를 고정시켜 본다.

청사포에서

기왕이면 카키색 바바리를 입고
연두색 스카프까지 두르고
아슬아슬 아름다운 달맞이 고개 넘는다.
몰래 만들어둔 길이라도 찾아가듯
여인의 둔부 같은 언덕을 넘어
움푹 파여진 골목까지 내려간다.

해운대 화려한 불빛 빠져나와
낯선 이정표 따라 고꾸라지듯
고샅으로 내려가면
네온사인 불빛에 눈망울 풀어버린
푼수 같은 포구 하나 앉아 있다.
바다 냄새는 없다. 물결마저
자근자근 씹혀 거품 구르듯
낮게 스민다. 고추냉이 맛
목젖 칼칼하게 잠겨 오는 청사포…….

잠시 다녀가는 사내들처럼
뱃길은 항상 열려 있어도
아무도 정박하지 않는다.

비탈 같은 그리움이 숨어들어
망부석이 되어버린 등대마저
수족관 물 쪽으로 몸을 기대온다.
빨려 들듯 왔다가
도망치듯 돌아가고 싶은, 여자, 청사포.

相思花

꽃무릇을 보러 갔습니다.
하늘 향해 오롯이 두 손 모으듯
붉게 물든 마음 받쳐 든 채
후들후들 떨고 있는 꽃대궁을 보았습니다.
여린 몸 한 줄기로
간신히 버티고 있느라고
축축이 땀을 흘립니다.
저마다 毒을 품은 듯
시뻘건 얼굴로 탱탱하게 위로만 치솟는
무심한 마음들이라니!
꽃대궁은 혼자서 감당하기 힘든 모양입니다.
저 꽃을 地獄花이라고 부르는 걸 알듯합니다.
저마다 꽃들은
대궁에서 피어오르지만
제 몸의 색깔을 갖추고 몸을 연 후부턴
뿌리를 잊은 채
천상의 날개옷이라도 입은 양
하늘로만 향합니다.
서로 한 몸으로 살면서
꽃과 잎이 만나지 못하는 건 누구를 원망해야 하나요.

빛은 품어도 몸은 낮추어
오래도록 더불어 살다가,
같은 날 한 몸으로 승천하길 빌어봅니다.

몰운대*

눈빛만으로도 사랑을
고백할 수 있는 나이가 있다

그 나이쯤 되면
해거름에 맞춰
바닷가에 가보라.

초경의 소녀가
그만 놀라
바다로 뛰어드는 걸
볼 수 있으리라.

그런 연유로 바다는
핏빛 얼굴로
황홀해 하는 거다.

* 부산 다대포의 석양이 아름답기로 유명한 곳.

제2부

보졸레누보

그렁그렁한 포도의 알맹이들
서로 부딪다가 피를 토해도
결코 목숨 버리지 않는다.

음기 가득한 지하에서도
가느다란 제 숨결
끝내 내려놓지 않고 버틴다.

벌겋게 몸이 익기 전
하안거에 들어간 선승처럼
떫은 욕심 꿀꺽 삼킨다.

이윽고 한 말씀 우려낸다.
할! 깊이 혀에 감긴다.

에스프레소

낮 동안, 하루 종일
이름에 파묻혀 살다가
돌아와 허물을 벗듯
커피를 끓인다.

한 손으로 꽉 잡아야
맛이 나는 너.
핏물처럼 진해야
맛이 나는 너.

구겨져버린 내 푸른 꿈
한 스푼 섞어 뒤적여주면
마음의 둑 넘어
출렁이던 눈빛도
함께 녹아 사라져간다.

목포에서 헤밍웨이는

바닷바람이 도랑 밑 하수구보다
더 낮게 내려앉을 때
그믐달도
비릿한 소금에 절어 흔들거릴 때
카페 헤밍웨이는
콘크리트 계단에 기대어
백열전구 같은 따스한 체온으로 우릴 맞는다.
노인과
바다와
유달산 등짝만한 흰 고래 한 마리.
카페 헤밍웨이에 오면
오랜 시간 견뎌온 욕망,
누렇게 변한 소설책 속에 끼워 넣은 채
손바닥만한 사진틀 속에 가둬버린 채
창문을 열고 바다로
뛰어내리고 싶어진다.
목포의 헤밍웨이는
언제나 술에 취해 있다.
유달산 중턱에선
말을 잃어버린 조각상들 비틀거리듯 내려오는데

오히려 바다는

쫘알라 쫘알라 중얼거리며 하늘로 기어오른다.

저 잎새처럼 물들고 싶다

메타세콰이어, 청청한 자만심으로
푸르던 시절 다 가고

환한 웃음햇살 한 줌만으로도
하늘만큼 오르던
여름이 가고

아래로 아래로
탱탱하던 내 살집들이
빠져나가는 날
엄지발가락 옆
노란 굳은살처럼
더는 짐스럽지 않게 오는 가을

初乳의 자양분 다 삭혀진 듯
황달기 어린 얼굴로 하늘 앞에 서도

그저 고맙고
고맙다
아름답게 순종하는 세월의 빛으로 물드는

이 나른함 ……

폐선부지 옆 남광주시장

발자국들 전단지처럼 거리에 뿌려진다.
밟힌 길 위에 또 다른 발자국들 늘어서며
길을 만든다. 평생 서로 만나지 못하던
철로가 죽어서야 허리 부러져
한데 나동그라진 후
쫓겨난 시간들, 이곳 시장통으로 몰려와
어제의 일 잊지 못한 채
낡은 광주리 옆에 앉아서는 졸며 늙어간다.
아침마다 환청에 시달리며
잠을 깨던 폐선부지 기적 소리처럼
길게 하품하며 물기 젖은 새벽 거두어들인다.
멀미가 채 가시지 않은
흐물거리는 낙지 몇 마리와
찐득한 다시마 줄기 토해내는
전복 몇 마리도 함께 길을 걷는다.
강원도 고성에서 왔다는 송이버섯도
깊은 산골 송진 냄새 찾아 물러간다.
새벽녘 자동차 불빛이
장바닥 촌부의 이마를 때려
균열을 만든다. 무쇠솥뚜껑처럼

짱짱한 전라도 여인네들
울울창창 버텨내는 칡넝쿨인 듯
남광주역 근처 떠나지 못한다.
지난 밤 얼큰하게 우러난 새벽공기를 마시며
젖은 길, 뙤약볕에 말리는 재미로 하루를 산다.

極樂1江 驛*

1.

동양시멘트 공장이 들어와
밤낮 크르렁거리는 거친 숨 뱉어내기 전에만 해도
여기 극락강은
굽이굽이 돌아가며 교태스럽게 흘렀었지요.
황톳길 위로 레미콘이 게워 놓은 포장도로가 생기고
흙도 먼지도 수돗물에 씻겨 사라지면서
사람들, 층층이 아파트 위로 쌓여 갔지요.
허기진 그들의 입 속으로
물길이 다 빨려 들어갔는지
극락강은 서둘러 늙어갔지요.

2.

극락강역 주위에
호랑가시나무로 울타리 세워봅니다.
당신, 손바닥만한 종이 위에 연필로 그린
눈부처로라도 남아 있다면
극락강역은 욕심 없이
언제나 문을 열어 놓을 것입니다.
극락으로 들어오고 싶으면

당신, 완행으로 갈아타야 합니다.
급행은 여기 極樂에 들 수 없습니다.
극락강역에서 쉬어 갈 수 있는 건
갱지 엽서처럼 얇은 가슴으로도
지극히 즐거울 수 있는 완행열차뿐입니다.

* 광주광역시 광산구에 있는 간이역.

24시 편의점

별놈의 인간들
다 들락거리는데

제 몸에 담은 것
모두 퍼 주고도

늘 번쩍거리며
저렇게 살아남다니!

정동진

차마 보지 말았어야 했다,

바다 가득 흰 눈이 흩뿌려지면 새벽마저 몽유병 환자처럼 슬프게 다가와 뼈 시리게 찬란히 사라져가는 것들.

아, 떠오르는 저 태양! 그의 작은 호흡에도

해설피 주저앉는 소나무 밑 의자엔 아무도 앉히지 말아야 했고, 좋아라 소리 지르지도 말아야 했다.

창세기 그 너머 어디에선가 달려온 저 기차!

기차는 긴 한숨을 몇 번이나 내뱉고 달아났지만 그가 내뱉은 가래 같은 저 물상들이라니!

물상들은 참 미련하게도 정동진을 모두 다 소유하려는 듯 자꾸만 제 눈을 비벼댔다.

차라리 보려고 하지 말았어야 했다.

蘭草를 죽이다

나는 지금 심히 아프옵니다.
면회를 사절해야겠습니다.
이름도 잘 모르는 어떤 세균에 감염되어
모든 면역력을 잃어버리고
나는 지금 누워 있습니다.
일어나 앉으면 현기증으로
온통 사람들 마음이
일그러져 보입니다.
102병동 1901호실,
링거액에 섞여 내 몸속으로 빨려들어 오는
저 숱한 말의 독기들 때문에
서서히 내 입은 마비되어 갑니다.
남이 알아주지도 않는
이 천한 병 때문에
안락사를 요구하다가
마지막 내가 택한 자살기도는
산소호흡기를 떼어내듯
전화기 코드를 빼내는 것이었습니다.
그런데 뜻밖에도 나를 대신해
침대 옆에 놓아두었던

蘭草가 숨을 거두었습니다.

빙어

맑고 투명한 몸
오래 견디긴 힘들었을지도 몰라.
소양강 세찬 여울물 소리 얼어붙기 시작하고
물김 아스라아스라 올라오는 겨울이 오면
속내 다 드러나는 뼈의 몸으로
살아간다는 게 불안했을 거야.

어린아이가 장난스레 던지는
손바닥만한 견지낚시에도
얼른, 아무런 몸부림도 없이
곱게 따라 올라오는 걸 보면.

머리 작고 가슴 나직해
욕심 쌓아둘 만한 곳 없는 여린 몸으로
물속에 들어가 저 자신을 닦고 있는
어린 비구승, 얼음 물고기!

구토

어젯밤 변기통 속에 뱉어낸
원망과
밉다, 밉다 소리치며 쫓아낸
사람이
퉁퉁 불어 떠 있다.

발라내지 않고 먹어치운
말들도
가시째 떠다니고
꼬리뼈까지 울리도록 쏟아낸
눈물도
가라앉지 않고
둥글게 똬리 틀고 있다.

차마 물 내리지 못하고
망설이고 있다.

고래잡이

그는 아내의 눈에서 쏟아져 나오는
휑한 바람 소리를 들었다
까맣게 총총대던 하늘이
갈잎처럼 부서지는 것을.
탱탱하게 튀어 오르던 그녀의 가슴이
찢어지고 있는 것을.

목까지 채워 놓은 만년필이
할딱할딱 숨을 놓을 때까지
먹물 같은 밤을 잊은 채
그녀는 퍼렇게 멍이 오른 눈으로
아침을 맞이하고
하이에나 눈빛으로
진주목걸이가 끊어져 내리듯
좌르르 울기도 하더란다.

수분을 다 증발시키고 남은 명태살처럼
밤새 찢기면서도
'그놈' 향한 열정 삭히지 못하고
몸부림하는 아내를 데리고

그는 눈 쌓인 대관령을 넘어
동해로 가는 길 재촉해 본다,
정말 큰놈 하나 잡아보라며.

시인 친구

—『해질녘에 아픈 사람』에게*

그녀, 이윽고 출세했군.
나는 또 육천 원을 지불하고 그녀를 샀지.
그녀, 두툼한 입술에 유머를 담아
늘 말소리보다 먼저 몸짓이 담을 넘었지.
그녀, 사내 같은 소녀,
21세기가 온통
제 손에서 놀아날 것처럼 호기를 부리다가
스스로 뱉은 말에
자궁이 찢기고
가슴이 찢긴 늙은 아이.
커다란 입속으론
언제나 꾸역꾸역 말들을 삼키면서도
소리 내지 않았지.
그녀, 커다란 손짓과
두툼한 몸으로 툭툭 흔들며
우리를 눈물 나도록 웃게 만들던
사내 같은 소녀.

광야에서, 한 평짜리 감옥에서
홀로 우는 여자가 되어

홀로 또 사내 같은 딸아이를 낳았군.

* 『해질녘에 아픈 사람』(민음사, 2009), 신현림의 시집 제목.

祈雨祭

목이 말라요. 목젖에서 피가 나와요.

하루하루 늘어나는 건 이자뿐이지만
다랭이 논에서 피 뽑는 날엔
그래도 탁배기 주발 철철 흘러넘쳤지요.

다 옛날 일이지요. 물을 주세요.
지금은 아비의 손바닥도 쩍쩍 갈라지고
어미의 젖가슴도 다 말려버렸어요.

짓무른 눈가까지 뙤약볕에 증발되어
산골짜기 천수답처럼 갈라지네요.
목이 마르고 젖꼭지가 말라가네요.

목이 말라요. 목젖에서 피가 나와요.

제3부

春雪

참 서운도 하다.

겨우내 감추어온 속살
내놓고도 싶었는데

매운 시집살이처럼
또 한 번
입술 트게 한다.

매화 피는 소식에
온몸에 핀
꽃
물
다 어이하라고.

감출 수 없는
암내처럼
동백만 홀로 피어
몸 비튼다.

오래 묵은 고요

돌멩이를 낳았다

석 달 열흘
물을 주며 묵혔더니
고요 속에서
돌멩이는 제 딱딱한 몸을 열었다.
사계절을 돌더니
움은 자라
꽃을 피우고 열매를 맺었다.

돌멩이를 낳았다

말의 씨들이란
사람의 피를 먹고 자라더라.
몸을 태우지 않고도
사리가 나오더라.

된장찌개를 끓이다

된장찌개를 끓입니다. 넙적한 다시마 한 장 슬쩍 데쳐내고, 그 물에 왕멸치 한 줌과 조선된장 한 술 넣고, 또 '기꼬만' 된장 반 술을 넣어 푸르르 끓여내는 것이 내 끓이는 된장찌개의 비법입니다. "이것도 아니고 저것도 아닌 것이 꽤 깔끔한데"라는 남편의 표현은 국도 아니고, 찌개도 아니고, 토종도 아니고, 일본식도 아니라는 말인데요. 그 어정쩡한 맛이 오히려 너무 깊지도 않고, 너무 가볍지도 않은 사람을 대하듯 편하게 감칠맛을 내는가 봅니다. 깔끔하다는 말이 나왔으니 얘긴데, 나는 책상 어질러진 것은 참아도 식탁 어질러진 것은 못 참는 편입니다. 된장을 끓이는 날엔 뚝배기 속에 멸치의 빳빳한 건더기를 꼭 건져내어 아무데나 막 버리는 게 늘 눈에 걸립니다. 빈 접시 하나를 올려놓았더니 누가 먼저라 할 것도 없이 아주 가지런하게, 머리는 머리 쪽으로 꼬리는 꼬리 쪽으로 일렬로 눕혀 건져 놓는 것입니다. 마치 꽁치 새끼 대접이라도 하듯 정중히! 그때서야 나는 새삼 멸치의 모습을 자세히 봅니다. 너무 작은 탓에 늘 한 무더기씩 섞이거나 뭉쳐 까만 비닐봉지 혹은 직사각형 상자 속에 담겨 있던 것이 멸치이지요. 멸치가 여린 아가미와 작은 비늘과 동글동글한 눈을 가진, 가녀린 몸의 생물체라는 것을 안 것이지요. 저

넓은 바다를 거리낌 없이 헤엄쳐 다닌 멸치의 뼈도, 늘 무리 속에 갇혀 살면서도 살의 무게보다 더 강한 멸치의 자존심도 말이에요.

새우젓 파는 여인

찐득거리는 검은 개펄을 따라
바닷물 움풍움풍 빠져나간다.
짠 내 나는 유년의 이야기도 빠져나간다.
희멀건 새우젓통에서 번져오는 비린내
바람결마다 무성한 곳,
이곳 소래포구에서
한 젊은 여인, 젓을 판다.

길가는 손님들 허리춤을 잡으며
내 젓 참 좋으니 한번 와 보이소.
내 젓 한번 맛보면 그냥 못 갑니더.
연한 살결 위에 각질처럼 덧바른
두꺼운 화장 다 들썩이도록
막걸리 냄새 진하게 배어 있는 목소리가
뱃고동처럼 붕붕거린다.

반으로 잘라 만든 도라무통 속에선
십 촉 백열등처럼 작은 아이 하나
빈 젓꼭지 물고 하루 종일 칭얼대는데
여자는 아이에게 젖을 주지도 못하며

행인 1, 행인 2, 행인 3, 행인……
지나가는 사람들에게 열심히 젓을 판다.

노리끼리한 저녁 별 등에 걸린다.
물오름 시원하던 그녀의 장딴지
하루 내 소금기 절어 우두둑거리면
퉁퉁 불은 젖가슴 대신
비어가는 젓갈통, 텅텅, 텅텅텅
손가락 장단으로 두드리기 시작한다.

한 목숨

코닝웨어 유리냄비 속에
메추리알을 삶는다 토동통통 튕겨 오르며
발바닥 비빈다
달궈져 가는 냄비 속에서
구르다, 오르다,
소리 지르다,
기절한 듯 찢겨진 껍질 틈새로
하얀 거품 몇 방울 뱉어낸다

시퍼렇게 솟구쳐 오르는 가스레인지 불빛에
덜컹, 가슴을 데인다
확, 찬물 끼얹어 봐도
얇은 막 펄럭이며 할딱거린다

지구본 닮은 작고 둥근 세계
뱀의 껍질 무늬를 따라가 본다
풀숲 흔적이었을 마른 쑥빛 점들이며
하얀 물길들,
적도에서 타버린 흑갈색 무늬들,
끝내 다 풀어내지 못한

모스부호들처럼
많은 이야기들이 얼룩져 있다

추추추춧 작고 가느다란 부리,
딸아이의 오물거리는 입,
먹이를 달라 재촉해댄다
껍질을 깐다
노란 씨앗을 빼낸다
딸의 몸에 파종하고 물을 붓는다.

요새 젊은 것들

A6라는 상표의 옷을
딸아이는 즐겨 입는다.
A4, A3, B5 등의 용지 규격은 있어도
A6라는 규격은 아직,
없다. 삶에서,
규격화 된 것들을 거부하는
10대들의 반항처럼.

아무 저항 없이 붙었다가
별 생각 없이 떨어져 나가는
포스트잇 같은 녀석들.

청맹과니

모란이 혼절하듯 땅 위를 뒹굴어도 그는 알지 못한다. 밤사이 반란을 꿈꾸며 돌아누운 처의 잠옷자락이 끝내 체온을 잃어버리자 비로소 그는 늙은 개처럼 자리에서 일어나 앉는다. 살아갈 날을 셈하다 그는 투덕투덕 두 자 반짜리 지팡이를 짚고 문을 나선다. 한 치의 앞도 알지 못하지만 지팡이 하나만 손에 넣으면 그는 오케스트라 지휘자처럼 세상을 휘젓고 다닌다. 풍산개의 늘어진 혓바닥보다 못한 마른 가슴으로도 용케 냄새를 맡으며 살아가는 그가 이제 와서 장미를 찾아내고 라일락을 알아본다고 한들 무슨 소용 있으랴. 아무런 향기 없이도 한껏 아름답게 피었다가 조용히 져버리는 모란을 알지 못하는데.

주말부부

이레쯤 되어
감겨 있던 태엽이 풀려 흘흘거릴 때
꼭지를 틀어 나사 조이고
내내 닫아 두었던 문을 연다

변기 커버가 위로 세워진다
샤넬 NO.5의 향기는 바닥에 깔리고
그 위로 페로몬보다 더 짙은 냄새
위풍당당이 방사된다

사내는 잠시,
낯선 시선을 씻어내고
뭉그러지듯 허물을 벗고는
며칠간의 공백마저 순간 점령해버린다.

등을 맞대고 눕는다
꼬리뼈에서
잘려져 나간 세포들은
거멀못처럼 서로에게 박혀
발가락만 눌러도

뱃속의 이야기가 청진기로 들려온다.

오랜 습성으로
그의 충견 코커스패니얼처럼
엉덩이 흔들어 보이지 못한 미안함
거위침으로 넘기며
여자, 잠시 실권을 넘기고 잠든다
꿈에서
여자는 반란군 몰아내 듯
다시 집안을 정비하며
서둘러 사내의 짐 챙긴다.

덕유산 상고대

덕유산 꼭대기의 생육 한계선까지
꼴딱거리며 올라온 고사목,
말라비틀어지면서도 낯빛 꼿꼿하다.
사나운 짐승들 도처에 우글거려도
수도 정진하던 이성계는 건드리지 않았다는
無盡藏 德의 길을 찾아
茂州에서 九千을 떠돌다가
훌쩍 巨創으로 넘어가는 길
살갗을 찢어내듯
칼바람 휘몰아치는 눈보라 속에서도
덕유산 구상나무,
차마 아픈 허리 눕히지 못하고 있다.
죽을 수 없어 목숨을 잇고 있지만
강퍅한 몸 지탱하기 힘든 탓인지
한겨울에도 비지땀을 흘린다
그 땀방울 아까운 듯
고개를 넘나드는 바람
얼음꽃 한 무더기로 굳혀 버린다
북풍이 불면 북쪽을 보고
남풍이 불면 남쪽을 보고

눈꽃은 죽은 듯이 키를 높인다
삶과 죽음의 눈보라 속에서 꽃 피우는
순백의 상고대 구상나무
뼈아픈 침묵.

해창벌 최서방

원래 목수였다지, 해창벌 최서방. 어느 날부턴가. 그의 고향 앞 바다에 여의도 면적의 140배, 세계 최대 33km 방조제 어쩌구 하는 글자들이 백합조개보다 더 많이 떠다니기 시작했다더군. 그러다간 커다란 애드벌룬이 갑자기 뱅글뱅글 바람을 게워내며 돌더니 그의 머리를 때리고는 가슴에 퍼억 눌러 앉았다지. 생태라고는 생태탕밖에 모르던 그가 또 다른 말을 배우게 된 것은 그때부터라고 하데. 환경 퍼포먼스 하는 화가들 틈에 끼어 있다가 얼결에 운동권으로 몰려 감옥살이도 했다더군. 그 후론 최서방 정말 화가 나 화가가 되려고 했다지 아마. 내 어미의 족보를 들춰 보면 늘 천일염에 절여진 갯벌 냄새가 나곤 했지. 그런데 오늘 밤 고창에 사는 목수 최서방의 얘기를 들으니 탯줄 떨어진 자리가 자꾸 아파 오네. 온갖 세상 더러운 것들 사모락사모락 다 먹어치우고 찰진 갯흙 되씹어 내미는 갯지렁이도 말라 죽어가고 있다더군. 고깃배의 닻을 올리지 못하고 썩어가는 바다를 바라보는 그의 몸에 마침내 神氣가 돌기 시작했다는군. 그래서일까. 목수 최서방은 죽어가는 것들만 찾아다니며 바닷가 그 마지막 목숨에 말뚝을 박아 솟대를 세웠다더군. 그러다 보니 새만금을 떠나 해창벌 하늘 위 너른 곳에 정박한 돛단배도 막힌 바닷길을 피해 하늘로 솟아오르고 있더군. 도요새 무리는 몇 움큼 남은 잿빛 바다의 물컹한 살 속을 헤집고 들어가려는 듯 고개를 아래로 처박고는 매일매일 꿈을 꾼다더군. 포식자들에겐 대항 한번 못하고는 그저 얇은 왁스질 겉껍데기를 갑옷인 양 궁굴리며 숨죽여 사는 쥐며느리들만 거기 지천에 깔려 있다더군. 아니, 아니 저기, 저 까만 콩벌레!

연못으로 간 붕어빵 다섯 마리

누런 종이봉지 속 붕어빵 다섯 마리,
양동시장 버스정류소에서
사내의 낡은 점퍼 속으로 숨어
노대행 3번 버스를 탄다.

버스가 도시의 화려한 불빛을 지나고
고층 아파트 숲길을 지나는 동안
눅눅히 잠에 빠진다.

작고 가난하여
세상보다 빨리 얼어버린 연못 속 가족들
퉁퉁 부은 눈으로 아빠를 기다리면

사내는 얘들아, 아빠 왔다,
소리치며 얼어버린 연못을 깨운다.
포개져서 졸던 붕어빵도 깨어나
제 집인 양 연못 속으로 헤엄쳐간다.

헬리코* 君

땅따먹기 하던 아이들 해질녘
다 돌아간 공터에서
돌아갈 집이 없어 울고 있는 아이
집에 들인 탓일까. 그 아이
내 몸 한 뼘씩 먹어들더니
자기 멋대로 여기저기에 금을 긋고
놀란 쥐며느리같이 오므라든
밥통과 창자 속으로 숨어든다.

물 넣은 풍선 통통 퉁기며
사금파리 반짝거리는
마당 넓은 집으로 유인해 보지만
그 아이 이미 겔포스의
끈적한 향내에 길들여진 듯
내 안에 깊이 웅크려 앉아 있다.

* 헬리코 : 헬리코박터 파이로니균(장 내에 서식하는 균의 일종)

뺑소니

― 백련사 동백 숲에서 돌아오며

하얀 눈 속에 쓰러져 반쯤 파묻혀 있는 붉은 치마 아이에게로 차가 멈추지 않고 달린다. 아지랑이 피듯 아이의 얼굴에서 헐떡이는 숨이 올라왔지만 이미 나의 발은 브레이크에서 떨어져 나와 가속 페달을 밟고 있다. 어쩔 수 없는지 팡, 어린 꽃의 몸에서 핏물이 터진다. 아직 숨이 끊어지지 않았는지 푸드덕 튀어 오르는 붉은 치마 아이를 백미러로 훔쳐본다. 얼어붙은 발목이 도저히 꿈쩍도 하지 않는다. 힘을 모아 황급히 차를 몰아 화려한 도시의 불빛 속으로 달아난다. 무엇인가 내 둥근 발목을 휘감는 걸 느끼면서도 악착같이 도망을 친다. 수국꽃 더미인가. 난데없이 눈발이 퍼렇게 멍들고 하얗게 질린 얼굴로 유리창을 향해 달려든다. 윈도우 브러시, 짤각거리는 손사래에도 닦이지 못한 원혼 하나가 벌써 라디에이터 물줄기를 타고 송풍구를 넘어와 내 몸의 열려진 구멍 속으로 스멀스멀 기어든다. 콧구멍에서도 아랫도리에서도 빨건 물이 쏟아진다.

제4부

사리

그래, 그것은
오래된 시간 저 혼자 끓다가
가라앉은
앙금 같은
말씀의 찌꺼기들이었어.

맞불 붙어 타오르다가
남은 말씀의
찌꺼기들.
어쩔 수 없이
죽어서까지
빛나는 응어리들.

光州

시시포스처럼 그렇게
긴 시간 오르내려도
산은 언제나 그 자리에 있다네.
온갖 것 다
욕심내 봐도
비어만 가는 가슴이거늘,
그저 다 내어주고
무등산처럼만 살아가시게.

볶아내고 덖어내야만
비로소 이름을 얻는
세전 茶처럼
독하면 떫다고 하는 세상,
순하면 버림받는 세상,
한동안 폐휴지처럼
구겨져 살았더라도
알, 그 안에 감춘 속살처럼
더 이상 부서지지 말고
영글어가시게.

산낙지를 먹으며 1

오이채 위에 얹힌 산낙지 한 마리
고소한 깨소금 몇 알과
미끈미끈한 참기름을 바른 몸,
요리조리 목숨을 비틀고 있다.

힘을 준 젓가락
빨판과 발판 사이에 끼우고
씨름판에서 호미걸이 하듯
잽싸게 낚아채 올린다.

필사적으로 휘감고 있는 다리의 힘과
끈질기게 떼어내려고 하는 힘,
두 힘 팽팽히 겨루지만
늘 승리하는 것은 떼어내려는 쪽이다.

이미 토막나버린 몸이지만
낙지는 널브러져 있지만 않고
팔팔하게 앙탈 부린다.
죽어서도 살고 싶은 걸까!

산낙지를 먹으며 2

오늘 또
낯익은 내 밤하늘
언저리에서

별 하나
힘없이 떨어져 내린다.

털썩! 뉘신지?
좀 더 버티시지?

죽는 게
사는 것보다 쉬워서!

그렇군!

갯벌, 구멍

낮술 마신 사람들 썰물 따라 나가
흐릿한 배경으로 서성이는 갯벌
거기 까만 구멍들 순하게 문을 열자
사람들의 마음도 함께 열린다.

세상에도 갯벌처럼 구멍이 많아
찬바람이 쉬 새어드는 걸까.
유월 윤달 숨 가쁜 열기 속에서도
세상의 구멍 속 냉기는 여전하다.

몇 잔 소주로도 삼키지 못하고
갯벌 짠물도 어쩌지 못하는 저 독한 목숨들
잽싸게 이곳 구멍 속으로 숨어든다.

아프락싸스

항상 반쯤 내려져 있는
로만셰이드 커튼을
주르르 끌어올리며 창을 열어 본다.

더운 여름에도 꼭꼭 닫아두었던,
훌떡훌떡 뛸 것처럼 갑갑해도
오래도록 열지 않던 창이다.

로만셰이드 커튼은 참 편하다.
까뮈의 '뫼르쏘'처럼
태양 아래 드러날 것 같은 살의를 감출 수 있다.

하이드로 변한 지킬 박사가
뒷문으로 은밀히 드나들 수 있도록
검은 장막으로 자르르 내릴 수 있다.

오늘은 태양 볕이 두려워 닫아두었던 마음
폭풍우가 두려워 감춰두었던 마음
커튼을 올리고 창을 열고 활짝 꺼내본다.

복수 1

얼마나 애지중지 키웠던가.
컴퓨터 너, 쓴맛 단맛 다 보며
낮밤 바뀐 간난아이처럼
밤새 칭얼대도 어르고 닦아주곤 했다.

그깟 바이러스 몇 마리 땜에
그런데 너, 나를 버리고
딴 세상으로 도망치다니!

컴퓨터의 가슴을 열어라 그놈의 뇌를
낱낱이 파헤쳐 칩에서 칩으로 연결되는
모든 통로를 끊어버리리라.

고성능 그래픽카드의 신경세포도
모두 절단해버리리라.
레드 그린 블루 세 가지 색 딱지도
미련 없이 떼어버리리라.

마우스 목뼈도 사정없이 아래로 위로 굴려
눈알 핑핑 돌 때까지

빵빵이를 돌리리라.

다른 내장도 꺼내
까만 비닐봉지에 싸서 내다버리고
가끔 미친년처럼 웃었다 울었다 하는 스피커도
따귀 한 대 올려 부치리라.

꼭 두 손으로 받들며 애무해줘야
실실거리며 안겨오던 자판기도
이번 기회에 버릇 한 번 고쳐주리라.

주먹질하고 발길질해도
화가 풀리지 않거든
컴퓨터 너, 아예 땅속에
깊이깊이 암매장 시켜버리리라.

복수 2

젠장, 나더러 미쳤다고 하는가,
3년 5개월간 쌓아두었던
뇌세포와 말의 파편들
그 속에 삭히고 고인 뇌수까지
깡그리 모조리 날려버렸는데.

나더러 정신 차리라고만 하는가.
나도
서비스센터에 보내져야 하는가.

드라이플라워

그대 곁에
사흘, 혹은 일주일만 머물라고요?
아쉽고도 아쉬운 마음이야
목까지 물을 채운 유리병 같은데
어찌 저더러
그만 살라 하시는지요.

그럴 순 없습니다.
밑이 뭉그러져
문둥이의 손가락처럼 썩어 들어간다 해도
목숨이 붙어 있는 한
늘 당신 곁에 있고 싶어요.

그래도 당신이 가라 하시면
혼절하듯
물구나무서서
박제된 모습으로라도 머물고 싶어요.

끌리면 오라고?

명동성당으로 오르는 계단 옆
'코리안 드림'을 안고 한국으로 찾아왔을
외국인 근로자들 농성중이다.
저들도 우리 코리아가 끌려 왔겠지.
200여일 넘도록 비닐천막 속에서
검게 익어가는 살 냄새 비벼대며
2004년 8월 8일 점심을 꾸역꾸역 집어넣는다.
케밥인지 개밥인지 씹어 삼키는 누런 이빨이
사내의 비위를 거슬린다.
개, 새끼들 꼬우면 지들 나라로 돌아가지.
코를 막은 손수건 밑으로
한 마디 내뱉다가
사내는 마른기침으로 물기 토해낸다.
열병을 앓듯 끙끙대는 검은 아스팔트 위에서
발길에 차이는 광고지를 낙엽처럼 끌어 모아놓고는
들고 있던 가방을 열고
빨간색 핸드마이크를 꺼낸다.
낡은 양복 소매 끝으로 먼지를 닦은 뒤
핸드마이크에 대고 소리 지른다.
믿음 천국! 불신 지옥!

예수를 믿으시오! 나를 따르시오!
찢어진 신문지 조각처럼 이 소리 흩날린다.
끌리면 오세요, 우리 이동통신
이 소리도 고성능 앰프를 타고 합세한다.
더 이상 못 참겠다는 듯이 일어나
사내는 다시 한 번 고래고래 소리 지른다
— 끌리면 오라고?
— 가봤자 개— 된다!

다른 神을 위하여
— 아들에게

당신의 하얀 엘리트 남방, 사정없이 휘휘 감아 돌리는 세탁기에 차마 넣지 못하고 향기 좋은 비누로 자근자근 눌러 몸에서 배어난 투정이며 찌꺼기들 닦아냅니다. 인수봉 꼭대기를 향해 오줌 줄기 세우던 객기가 얼굴에 피어올라 툭툭 고름꽃으로 자리해 있나요. 간지럼 참지 못하고 어디든 부벼대는군요. 힘들면 매끈한 배롱나무라도 찾아 기대 쉬세요. 저런! 덤불 속에서 가슴뼈 하나 긁혀 왔군요. 이리오세요. 당신의 높으신 아버지가 점지해준 탯자리가 여기입니다. 멀리 가려 하지 마세요. 째각거리는 시계 소리를 들려줄까요? 내게서 떠나려 하지 말아요. 나의 신전에 황금으로 만든 당신의 형상 하나 더 만들어 놓고 매일 아침 참배하렵니다. 아프지 말고 크세요. 내 등을 밟고 일어나 하늘로 오르세요.

또 다른 神을 위하여

— 딸에게

수줍음 많아 반장 한번 못하고
모든 대답을 웃음으로 하는 아이,
바이올린 선같이 가늘디가는 실핏줄에서
작은 숨소리 데워져 나오면
핑그르르 젖물부터 고입니다.

오래된 내 말과 생각
모두 버리게 하고
오로지, 당신만 바라보고 살라 합니다.

봉긋하게 솟아오른 가슴 꼭지
분홍빛 향내가 피워나고
맑은 눈망울 속에선 하늘이 놉니다.
오물거리는 당신 입에서
톡톡 튀어나오는 말씀
또 다른 聖書에 기록될 것입니다.

비밀을 나눠 갖다

열세 살 딸아이의 속옷을 삶는다.
산소 표백제도 약간 넣는다.

햇빛 잘 드는 남쪽 베란다에
활짝 걸어 말린다.

물방울 몇 개씩 튕겨 가며
화분의 사랑초 꽃과
도란도란 얘기를 나눈다.

바람이 불자 딸아이의 작은 속옷이
수줍게 오므라든다.

내 아랫배도 묵근해져 오며
고였던 피가 다시 도는 듯하다.

에필로그

비 오는 날이면 아버지는 서슬 퍼런 도루코 면도날로 손바닥에 박인 티눈을 빼내곤 했지요. 매일 한 장씩 넘겨야 하는 얇은 일력을 찢어 아버지는 그 위에 빼낸 티눈을 모으곤 했고요. 손금의 생명선 끝자락에 노랗게 뿌리박고 사는 아버지 손바닥의 티눈을 나는 늘 신기하게 들여다보곤 했지요.

"이것도 나랑 오랫동안 같이 살아온 살덩이여. 헌데 피도 통하지 않고 아픔도 모르는 살이니 도려내야지."

아, 그래요 아버지. 시를 쓰면서 나도 알게 되었지요, 피도 통과하지 않고 통증도 느낄 수 없는 살은 도려내야 된다는 것을…….

얇디얇은 종이 365장이 쌓여 1년이 되듯 불면의 밤이 쌓여 시가 되었어요. 그런데 나는 또 피 같은, 살 같은 내 시에서 티눈을 도려내느라 이렇게 늙어가고 있어요.

오늘은 비가 오네요. 비 오는 날엔 모든 것이 부드러워진다고 했지요?

아버지, 물은 살아 있는 것들의 경계를 허물고 스며들어 서로를 아우른다는 것을 이제야 알 것 같습니다. 당신처럼 내 몸에도 물길이 깊고 길어 무엇이든 내 속에 들어오면 물이 되길 바랐습니다. 순열한 물의 밤이 더욱 깊어지

길 당신께 기도했습니다.

더러는 속에서 삭지 못한 것들이 몸 밖으로 툭툭 돋아나올 때도 있었습니다. 하지만 소금 같은 소름을 훑어내며 나는 긴 밤을 한사코 지새곤 했습니다.

오랫동안 당신을 기다렸습니다. 빈터에 홀로 남겨진 아이처럼 얼마나 아버지를 찾아 헤매고 다녔는지요.

아버지, 이제는 도로코 면도날이 베어내지 못하는 살 속 깊이 남아 있는 살덩어리를 키우는 법을 가르쳐 주세요. 내 몸에서 물을 얻고 피를 얻어 빛나는 사원 한 채 지을 수 있게요, 아버지.

박자경의 시세계 / 허형만

생명의식의 깊이, 큰 감동

생명의식의 깊이, 큰 감동

허형만
(시인 · 목포대 교수)

박자경(본명 박경자) 시인의 첫 시집 『오래 묵은 고요』를 등단 6년 만에 만난다. 잭 캔필드가 "우리는 만나기 위해 태어났다"고 했던가. 그만큼 박자경 시인의 시세계가 궁금했던 게 사실이다. 왜 이렇게 늦었을까. 「자서自序」에서 그 의문을 풀 수 있었다. "소리치지 못하고 침묵했던 말들, 말의 씨들,/ 배내똥처럼 열 달을 묵혀, 또는 열 해를 묵혀서라도/ 단단하게 세상 밖으로 나오기를 빈다"고 말하는 그 말에는 시인으로서의 사명감, 나아가 비장감이

엿보였다. 이러한 사명감, 비장감은 장 콕토의 "나는 시다. 나의 피는 잉크가 되었다"는 말을 이 시집의 첫머리에 얹음으로써 그 속내를 잘 드러내고 있다. 장 콕토가 말하는 "피"는 무엇을 상징하는가. 그것은 리사르가 『시와 깊이』에서 보들레르의 시를 분석하면서 "피는 열기와 유연함, 충만감, 지속성 등을 소유하고 있다"라고 한 말과 다르지 않을 터이며, 이는 곧 박자경 시인의 시정신과도 같은 맥을 잇고 있는 것으로 보인다.

돌멩이를 낳았다

석 달 열흘
물을 주며 묵혔더니
고요 속에서
돌멩이는 제 딱딱한 몸을 열었다.
사계절을 돌더니
움은 자라
꽃을 피우고 열매를 맺었다.

돌멩이를 낳았다

말의 씨들이란
사람의 피를 먹고 자라더라.
몸을 태우지 않고도

사리가 나오더라.

—「오래 묵은 고요」 전문

이 시집의 표제시다. 시인의 「자서自序」를 압축적으로 잘 드러낸 시다. "오래 묵은 고요"는 곧 "소리치지 못하고 침묵했던 말들, 말의 씨들"며, "돌멩이"는 "굳어버린 말의 넋"이다. 이 "굳어버린 말의 넋"에 "석 달 열흘/ 물을 주며 묵혔"다고 말한다. 생텍쥐페리의 「인간의 대지」에는 물의 중요성을 잘 아는 유목민에 관한 이야기가 나온다. 그만큼 우주만물에게 있어 물은 매우 중요한 요소이다. 우리가 아는 한 물은 알코올과 함께해서는 불이 되며, 육신 속에서는 피가 된다. 시인은 이러한 성분의 물을 "석 달 열흘" 즉 1백일 동안 돌멩이에게 주었다고 했다. 이것은 시간을 상징한다. 아울러 물도 시간을 나타낸다. 이 '시간'은 순환과 생성, 즉 생명성과 다르지 않다. 폴 클로델은 "마음이 바라는 모든 것은 항상 물의 형상으로 환원될 수가 있다"고 말한다. 나이아가라 폭포는 초당 6백 8십 1만 리터의 물을 방류한다고 한다. 이만한 힘과 욕망의 물의 위력을 시인이 "굳어버린 말의 넋"인 "돌멩이"에게 쏟아 붓는다면 능히 그 "딱딱한 몸"도 스스로 열지 않을 수 없으리라. 그리고 마침내 "몸을 태우지 않고도/ 사리가 나오"지 않을 수 없으리라.

우리는 일반적으로, 꼭 그렇지는 않겠지만, 대개 표제시를 해당 시집, 또는 그 시인의 대표시로 인식하는 경향이 있다. 이러한 경향을 좇는다면 「오래 묵은 고요」는 아무래도 박자경 시인의 시세계를 대변하는 '생명의식의 깊이'를 가장 잘 드러내고 있는 수작秀作임이 분명하다. 그 이유는 "말의 씨들이란/ 사람의 피를 먹고"자란다는 시인만의 독특한 시적 체험이 우리로 하여금 충격과 감동을 함께 느끼게 하기 때문이다. 동시에 "피"는 곧 "물"이며 '생명'을 상징할 뿐 아니라 지속적으로 살아 숨쉬는 '정신'의 다른 이름이라는 점을 시인이 분명하게 인식하고 있다고 믿기 때문이다.

발자국들 전단지처럼 거리에 뿌려진다.
밟힌 길 위에 또 다른 발자국들 늘어서며
길을 만든다. 평생 서로 만나지 못하던
철로가 죽어서야 허리 부러져
한데 나동그라진 후
쫓겨난 시간들, 이곳 시장통으로 몰려와
어제의 일 잊지 못한 채
낡은 광주리 옆에 앉아서는 졸며 늙어간다.
아침마다 환청에 시달리며
잠을 깨던 폐선부지 기적 소리처럼
길게 하품하며 물기 젖은 새벽 거두어들인다.
멀미가 채 가시지 않은
흐물거리는 낙지 몇 마리와
찐득한 다시마 줄기 토해내는
전복 몇 마리도 함께 길을 걷는다.

강원도 고성에서 왔다는 송이버섯도
깊은 산골 송진 냄새 찾아 물러간다.
새벽녘 자동차 불빛이
장바닥 촌부의 이마를 때려
균열을 만든다. 무쇠솥뚜껑처럼
짱짱한 전라도 여인네들
울울창창 버텨내는 칡넝쿨인 듯
남광주역 근처 떠나지 못한다.
지난 밤 얼큰하게 우러난 새벽공기를 마시며
젖은 길, 뙤약볕에 말리는 재미로 하루를 산다.

—「폐선부지 옆 남광주시장」 전문

시는 사소한 것에 대한 헌사에 다름 아니라고 한다면 박자경 시인의 이 시는 참으로 시적 안목을 감탄케 하는 힘을 갖고 있다. 예컨대 완행열차만 쉬어가는 광주의 극락강역을 묘사하면서 "극락으로 들어오고 싶으면/ 당신, 완행으로 갈아타야 합니다"(「極樂1江 驛」)라고 넉살좋게 시치미를 뗀다거나, "낮에 본 대숲의 죽순이/ 자꾸만 거꾸로 자라"(「亂視」)는 모습을 바라보는 시간적 감각성 같은 것 말이다. 이 시, 즉 「폐선부지 옆 남광주시장」은 특히 철학적 사유가 빚어낸 통찰력의 깊이를 보여주고 있다는 점에서 주목을 끈다. "폐선부지"는 지금은 사라진 과거 남광주역 철로를 가리킨다. 광주에서 순천, 여수로 오가는 길목의 남광주역은 한때 많은 사람들이 이용한 곳이다. 특히 남광주역

바로 아래에 자리한 "남광주시장"은 이른 새벽부터 싱싱한 수산물은 물론이거니와 온갖 물산의 집합지였다. 그러나 남광주역이 없어지고부터 "평생 서로 만나지 못하던/ 철로가 죽어서야 허리 부러져/ 한데 나동그라진" 폐선부지로 변해버렸다. 그 번창하던 남광주역이 없어진 이후 "쫓겨난 시간들"이 "시장통으로 몰려와" "낡은 광주리에 옆에 앉아서는 졸며 늙어"가는 것을 발견한 시인의 이 기막힌 통찰력 앞에 우리는 말을 잊을 수밖에 없다. 시인의 이러한 통찰력은 뉴햄프셔의 농부 시인이었던 로버트 프로스트를 떠올리게 한다. 그가 「눈 내리는 저녁 숲가에 서서」라는 시에서 "숲은 아름답고, 검고, 깊다"라고 읊었을 때도 아마 박자경 시인의 통찰력만큼의 예지가 번득이지 않았을까. 이러한 통찰력은 다음 작품에서도 매우 선명하다.

원자력병원 뒷마당
나무 튤립 한 그루,
옮겨 심은 지 얼마 안 되는 걸까.
속 빈 대나무에
마른 몸뚱이를 기대고
땀방울 축축하게 매단 채
주저앉을 듯
용케 버티고 있다.
이곳으로 옮겨오면서 생긴 상처인지

오른쪽 옆구리엔
오래된 진물이 굳어
썩정이가 보인다.
차츰 상처가 아물어가는
수피는 몸속으로 말려 들어가
수두 자국처럼
껍질이 박혀 있다.
줄기와 가지 세포가 교차되면서
생기는 것이 옹이라고 했던가.
나무 튤립이여.
네 둔한 몸뚱이와
높은 이상이 어긋나
또 하나의 옹이 만들었구나.

—「옹이」 전문

'옹이'는 나무의 몸에 박힌 가지의 그루터기이다. 이 시는 처음 시작부터 "원자력병원"과 "옮겨 심은 지 얼마 안 되"는 옹이가 생긴 "나무 튤립 한 그루" 사이에 팽팽한 긴장감이 돌게 한다. "원자력병원"은 잘 알고 있듯 암 환자 치료 전문병원이다. 암이란 사람 신체 속에 맺힌 '옹이'가 아니던가. "네 둔한 몸뚱이와 높은 이상 어긋나" "또 하나의 옹이 만들었"다고 확신하는 시인의 생명의식은 깊은 철학적 성찰 속에서 이루어지고 있음이 분명하다. 시를 하나의 절대로서 확인한 바 있는 장 루아예르의 말, 즉

“시는 그것 나름대로 드높고 철학적이다. 왜냐하면 시는 사상에서, 그러나 시적인 사상에서, 즉 다시 말해보자면 감각적인 사상에서 자양분을 섭취하기 때문이다”라고 분명하게 밝힌 점에 비추어 본다면 박자경 시인의 시들은 “시는 그것 나름대로 드높고 철학적이다”는 명제를 충실히 따르는 것으로 보인다. 그렇지 않은가. 우리네 삶이란 것도 때로는 아물어가는 상처가 “몸속으로 말려 들어가/ 수두 자국처럼/ 껍질이 박혀 있”을 때도 있는 것을. “머리 작고 가슴 나직해/ 욕심 쌓아둘 만한 곳 없는 여린 몸”(「빙어」)이나 다를 바 없는 것을.

얼굴을 깨끗이 닦았다.
얼마 남지 않은 그의 머리카락을
조심히 하얀 면포로 씻어내며
콧구멍과 귓구멍을 후볐다.
향 좋은 스킨으로 면도 자국을 메우며
붉은 립스틱으로 입술을 그려 넣었다.
누르면 푸석하니
바스러질 듯 마른 입술이
오랜만에 번들번들 윤기를 냈다.

그에게 좋은 옷 한 벌 사주고 싶었다.
이곳에서는 중국산이 판을 쳤다.
그래도 우리나라 것이 좋겠다 싶어

제일 비싼 옷을 장만해 입혔다.
태어나 처음 해보는 화장이 번거로운지
굳어진 얼굴로 자꾸만 나를 노려보았다.

그는 유난히 더위를 많이 탔다.
한겨울에도 반바지 차림으로
찬물 끼얹어 가며
까만 티코를 세차하곤 했다.
불을 싫어하고 열기를 싫어했다.
그는 뜨거운 것이 제일 싫다고 했다.
그러던 그가 오늘은
말없이 불, 속으로, 들어, 갔다.

—「화장」 전문

화장火葬의 사전적 의미는 시체를 불사르고 남은 뼈를 모아 장사를 지냄을 말한다. 불교적 용어로는 다비荼毘와 같다. 연금술의 경우 가장 흔한 상징이긴 하지만, 불에 의한 희생의 완성이라는 상징적 의미를 지닌다. 그래서 학자에 따라서는 정신을 통한 정신의 구원을 상징한다고도 말한다. 이 시에서의 경우 역시 이러한 상징과 크게 다르지 않다. 전체 3연 중 1연과 2연은 사자死者에 대한 염殮하는 장면이 세밀하게 묘사되고 있다. 죽은 자의 "얼굴을 깨끗이 닦았다"에서 보여주는 시적 인식은 죽음이라는 한 생의 종말을 뛰어넘는 새로운 빛, 소생이라는 긍정적 상징성을 내포하고 있다.

1연의 마지막에서 죽은 자의 얼굴이 "오랜만에 번들번들 윤기를" 낼 만큼 생의 종말에 대한 슬픔이나 탄식에 젖지 않고 또 다른 생을 향한 불꽃과 같은 이미지로 승화되고 있음은 시인의 생에 대한 남다른 직관력과 통하는 것이리라 믿어진다. 살아생전 "불을 싫어하고 열기를 싫어"한 사람, "뜨거운 것이 제일 싫다고" 했던 사람이 마침내 그 뜨거운 불길 속으로 들어가는 마지막 장면은 독자로 하여금 숙연하게 만든다. 아무리 삶과 죽음이 하나라고 항변하는 긍정주의자일지라도, 이제 죽었으니 천국에 들어가 부활할 것이라고 믿는 기독주의자일지라도, 생각해보라. "말없이, 불, 속으로, 들어,"가는 주검을 보면서 참으로 초연하다. 이처럼 초연할 수 있는 힘은 과연 어디서 나오는 것일까. 그것은 아마도 "아름답게 순종하는 세월의 빛"(「저 잎새처럼 물들고 싶다」)을 온몸으로 받아들인, "하안거에 들어간 선승처럼/ 떫은 욕심 꿀꺽 삼킨다// 이윽고 한 말씀 우려낸"(「보졸레누보」) 결과로 얻어진 시인의 생명의식의 깊이가 아닐까.

눈빛만으로도 사랑을
고백할 수 있는 나이가 있다

그 나이쯤 되면
해거름에 맞춰
바닷가에 가보라.

초경의 소녀가
그만 놀라
바다로 뛰어드는 걸
볼 수 있으리라.

그런 연유로 바다는
핏빛 얼굴로
황홀해 하는 거다.

—「몰운대」 전문

석양은 시인의 감성을 자극하기에 알맞은 시간적 요소이다. 인생에 있어 황혼기로 상징되는 개념이기도 하지만 이 시에서는 오히려 "눈빛만으로도 사랑을/ 고백할 수 있는 나이"로 환치되고 있다는 점에서 새로운 시적 이미지를 창출하고 있다. 이러한 이미지의 창출은 "눈빛만으로도 사랑을/ 고백할 수 있는 나이"의 소녀, 그것도 "초경의 소녀"로 환치시킴으로써 석양의 황홀한 감각을 살려내는 데서 연유한다. "초경의 소녀"의 '피'와 "핏빛"이 된 "바다"의 합일은 석양을 더욱 환상적이게 만든다. 소녀가 경험한 첫 월경은 두려움의 대상이지만 그 소녀가 "바다에 뛰어들"어 "핏빛"으로 물든 바다가 "황홀해" 하는 것은 모든 창조는 여성적인 특성이라는 점을 암시한다. 그러기 때문에 이 시에서 "핏빛" 이 된 "바다"는 죽음의 장소가 아니라

삶의 근원이자 생명의 탄생을 의미한다. 이러한 바다의 의미는 박자경 시인에게 있어 때로 '연못'으로 나타나기도 한다.

누런 종이봉지 속 붕어빵 다섯 마리,
양동시장 버스정류소에서
사내의 낡은 점퍼 속으로 숨어
노대 행 3번 버스를 탄다.

버스가 도시의 화려한 불빛을 지나고
고층 아파트 숲길을 지나는 동안
눅눅히 잠에 빠진다.

작고 가난하여
세상보다 빨리 얼어버린 연못 속 가족들
퉁퉁 부은 눈으로 아빠를 기다리면

사내는 얘들아, 아빠 왔다,
소리치며 얼어버린 연못을 깨운다.
포개져서 졸던 붕어빵도 깨어나
제 집인 양 연못 속으로 헤엄쳐간다.

—「연못으로 간 붕어빵 다섯 마리」 전문

바다의 이미지보다 더 작은 연못은 도회지로부터 멀리

떨어진 변두리, 제목이 암시하는 바대로 산과 인접한 가난한 한 가정을 상징한다. 실제로 이 시에 등장하는 "양동시장"은 도시의 한 중심에 자리하지만 3번 버스가 운행하는 "노대" 지역은 중심에서 벗어난 변두리이다. 하루의 일과를 마치고 "양동시장 버스정류소에서" "붕어빵 다섯 마리"를 산 "낡은 점퍼" 차림의 "사내"는 소시민이자 한 가정의 아버지다. 일반적으로 아버지의 상징적인 이미지가 공기, 불, 하늘, 빛, 천둥, 무기 등에 의해 재현된다고 한다면 이 시에서는 "세상보다 빨리 얼어버린 연못/ 속 가족들"에게 이 상징적 이미지 중 어느 한 부분이 아닌 총체적인 이미지로 살아 있다. 왜냐하면 "얘들아, 아빠 왔다/ 소리치며 얼어버린 연못을 깨"우기 때문이다. 또한 "문둥이의 손가락처럼 썩어 들어간다 해도/ 목숨이 붙어 있는 한/ 늘 당신 곁에 있고 싶"(「드라이플라워」)어 하듯이 "누런 종이 봉지"에 "포개져서 졸던 붕어빵도 깨어나" "퉁퉁 부운 눈으로 아빠를 기다"리던 아이들과 함께 연못 속에서 한 삶으로 동화되기 때문이다. 우리는 아버지의 존재에 대해 많은 작품을 보아왔다. 그러나 이 시에서처럼 아버지의 존재 가치가 눈물겹게, 그러면서도 담담하게, 눅눅하게 감동을 주는 작품은 흔치 않음을 안다. 박자경 시인은 이 시집 마지막 「에필로그」에서 "비 오는 날이면" "매일 한 장씩 넘겨야 하는 얇은 일력을 찢어" "그 위에 빼낸 티눈을 모으곤" 하시던 아버지에 대한 그리움을 이렇게 쓰고 있다.

오랫동안 당신을 기다렸습니다. 빈터에 홀로 남겨진 아이처럼 얼마나 아버지를 찾아 헤매고 다녔는지요.

아버지, 이제는 도로코 면도날이 베어내지 못하는 살 속 깊이 남아 있는 살덩어리를 키우는 법을 가르쳐 주세요. 내 몸에서 물을 얻고 피를 얻어 빛나는 사원 한 채 지을 수 있게요, 아버지.

—「에필로그」 부분

박자경 시인의 시는 아버지의 존재감을 간직하는 데서부터 출발하는 것 같다. 이 시집을 관통하는 생명의식의 깊이가 심연의 깊이, 다시 말해 감동의 깊이로 우리를 몰입케 하는 요인은 에필로그에서 밝혔듯 "순열한 물의 밤이 더욱 깊어지길" 아버지께 기도하며 보냈기 때문이다. 그리하여 마침내 탄생시킨 시집 『오래 묵은 고요』는 설익어 떫지 않고 오래 묵어 가볍지 않은 목소리로 세상에 대해 한마디 할 수 있게 되었음을 본다. 말의 넋들이 사리처럼 세상의 빛과 만남을 본다. 장 콕토의 말을 시집 첫머리에 얹을 만큼 자신이 곧 시이고 자신의 피를 잉크로 믿는, 그래서 더욱 영혼의 신비를 존중하고 있는 것으로 여겨지는 박자경 시인의 경우, 삶에 대한 명상과 언어에 대한 명상이 함께 녹아 있을 뿐 아니라 철학적 사유가 빚어낸 통찰력의 깊이를 보여주고 있다.▨

| 박자경 |
서울 출생
2005년 『시로여는세상』으로 등단
광주대학교 대학원 문예창작과 졸업(석사)
조선대학교 대학원 국어국문학과 수료(박사과정)
〈시섬〉 동인
조선대학교 외래교수

이메일 : luvpoem@hanmail.net

블로그 : http://blog.daum.net/luvpoem

초판 인쇄 · 2010년 12월 25일
초판 발행 · 2010년 12월 30일

지은이 · 박자경
펴낸이 · 이선희
펴낸곳 · 한국문연

서울 서대문구 북가좌동 324-1 동화빌라 202호
출판등록 1988년 3월 3일 제3-188호
대표전화 302-2717 | 팩스 · 6442-6053
디지털 현대시 www.koreapoem.co.kr
이메일 koreapoem@hanmail.net

ISBN 978-89-6104-078-5 03810

값 8,000원

* 이 시집은 2010년 광주문예창작기금 수혜로 출판되었습니다.